JN438299

향기로 뿌리 내릴 때까지

당진문화재단
2019 **당진 차세대 문학인** 선정작품집

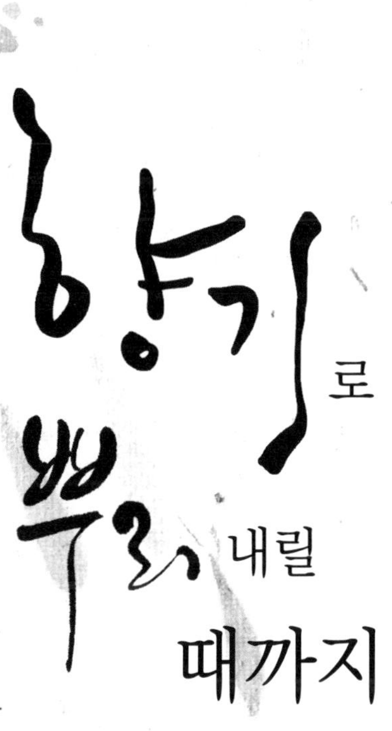

| 남강 **안의수 시집** |

도서출판 천우

시인의 말

햇살 맑은 어느 일요일 오후!
문득,
창밖을 내다보니 가로수에 단풍이 곱게 내려앉았다.

내게 시 쓰기는 마음에 길을 내기 위해 산에 오르는 일 중의 하나이기도 하며, 바쁜 일상 뒤로 밀쳐 두었던 참 나를 찾아 나서는 일이기도 하다.

언제부턴가 한 생을 마감하기 전에 족적을 남겨야겠다는 작은 소망이 살짝 고개를 들곤 했었는데, 다행스럽게도 이리 늦지 않게 초대되어 너무 감사하다.

들꽃 같은 시어들이 향기를 뿜어낼 수 있게 도와주심에 용기 잃지 말라는 희망의 채찍으로 여기며, 뽑아주신 교수님들! 축하와 조언을 아끼지 않으셨던 문우님들, 그리고『향기로 뿌리 내릴 때까지』시집에 날개를 달아 주신 당진문화재단 측에도 심심한 감사의 인사를 올립니다.

2019년 늦가을에

南江 안미수

제1부

봄비 즈려밟고

● 시인의 말

봄비 즈려밟고 — 13
화장을 한다 — 14
행운목 이야기 — 16
몽돌의 꿈 — 18
허수아비의 춤 — 20
들꽃의 자화상 — 22
쌀눈만큼 벗겨진 세상 — 23
풀꽃문학관 — 24
새싹들의 옹알이 — 25
행복(幸福) — 26
스냅사진 — 27
등 너머 사람들 — 28
살아간다는 것 — 29
화분 속의 꽃을 보며 — 30
희망의 연줄 — 32
담쟁이 — 33
꽃이 피고 지는 사이 — 34
삶이 아름다운 이유 — 35
하늘 가까운 집 — 36
눈 오는 아침 — 37
소망 — 38

제2부

그리움

가장 먼 길 _ 41
안부 _ 42
어버이날 _ 44
부처를 만나다 _ 46
낙화 _ 48
국밥 _ 49
사랑을 먹다 _ 50
닮은꼴 _ 51
둥지 _ 52
징검다리 _ 53
귀로(歸路) _ 54
목련꽃 지는 저녁 _ 55
박꽃 _ 56
텃밭 전람회 _ 57
단발머리 _ 58
기다림 _ 59
독백 _ 60
하루 또 하루 _ 61
소나기 _ 62
매미의 합창 _ 63
사랑의 깊이 _ 64
그리움 _ 65
고향 _ 66

제3부

오늘 만난 그대가

오늘 만난 그대가 _ 69
멈춰진 시간 속에 _ 70
암벽에 오르다 _ 72
백두산 기행 _ 74
산처럼 _ 76
만수봉 정상에서 _ 77
석문봉에 올라 _ 78
묵언 수행 중 _ 79
동행 _ 80
산에 오르다 1 _ 81
산에 오르다 2 _ 82
산에 오르다 3 _ 84
산에 오르다 4 _ 85
네가 궁금한 아침 _ 86

제4부

풀꽃 사랑

춘란을 그리다 _ 89
그대 빈자리 _ 90
눈처럼 _ 91
향기로 뿌리 내릴 때까지 _ 92
풀꽃 사랑 _ 94
라일락꽃에게 _ 95
달맞이꽃 _ 96
편린 _ 97
벚꽃나무 아래서 _ 98
시의 향연 _ 100
백목련 _ 101
밥풀꽃 _ 102
여과된 삶 _ 103
향기 _ 104
연꽃 1 _ 105
연꽃 2 _ 106

제5부

배는 부른데 마음이 고프다

송편 빚기 — 109
드림타운 마카오에서 — 110
연등 — 112
배는 부른데 마음이 고프다 — 113
소통 — 114
가다 말고 돌아온 시간 — 116
홍시 — 118
고백 — 119
골절 — 120
선택 — 122
기도로 여는 아침 — 123
노래방에서 — 124
마음을 씻고 비우며 — 126
절명할 아름다움 뒤엔 — 127
갈증 — 128
화려한 외출 — 129
눈은 내리고 — 130
휴가 — 132
탈출 — 133
병원 스케치 — 134
홍수 — 135

제1부

봄비 즈려밟고

봄비 즈려밟고

대학 간 딸애가 기숙사로 향하던 날
하루를 몽땅 비워낸 그 길 위로
추적추적 봄비가 따라왔다
어디서부터 어떻게 따라온 것일까
차디찬 가로등과 어둠만 남겨놓고
딸애는 기숙사로 나는 또 휑하니 돌아왔다
내 얇아진 사랑이
빗줄기를 비집고 고개 들 때마다
아려오던 빈 가슴
저 봄비 속에서도 나무들은 밤새워 꿈을 꿀 것이다
뿌리 깊숙이 스며든 나의 기도가 꿈길로 다가가
먼 훗날
저 나무들의 꽃을 피우게 하고 탐스런 열매 맺기를
우린 서로에게 머무는 동안
때로는 바람이요, 비요, 언덕이요, 봄볕이었음을
봄비 즈려밟고 뒤늦게 깨달았다

화장을 한다

삐에로같이
푸석한 중년의 그늘 지우려
거울을 보며
여름내 꿈꾸던 거리에도
불타오르던 심장에도
밤마다 갈망하던
그 로망에도
행복을 추구하던
들꽃 언덕에도
화색 곱게 덧칠을 한다

손바닥에 뭉텅 쏟아져 나온
액체 덩어리
메마른 마음 곳곳
그 밤
허탈함 주워 담을 수 없어
비바람에 울고 서 있던
그 싸늘한 가로수에도
언제나 강렬하게 차오르던 욕망에도
정성껏 토닥토닥
분을 바른다

어느 날
찬 바람 불어와 책장을 넘기듯
창 너머 손님처럼 찾아온
아, 바로 너였구나
가을

행운목 이야기

육신의 집은
언제나
벌레 먹은 사과 같다
제 살 다 주고도
내어 줄 수 있어 감사한

어느 날
퇴근해서 현관문을 열다
깜짝 놀라 멈춰 선 이유

칠 년 전
딸애의 손에 안겨 온
여리디여린 행운목 한 그루
물만 먹고도
온몸으로 피워 올린 꿀 향기
맨발로 달려 나와
고생했다 토닥인다
대답 대신
온몸으로 안아본다

낮 동안
베이고 채이고 얼룩진

썩은 사과 같은 하루가
다시 달달하게
재충전 되는 시간이다

어느새
내 안에서도
갉아 먹혀도 좋을
고운 향기가
묻어나고 있다

몽돌의 꿈

밤 깊어
어둠은 그리움으로 설레고
겹겹이 닫힌 창을 열고
수만 리 길 파도쳐 온
몽돌 하나
내 집 화분에 잠든 뒤로
난 밤마다
파도가 철썩이는 소릴 듣는다

가끔
태풍이나 해일에 실려 가는
뭍을 동경했던
고달픈 모래톱 시간들은
내 몸 구석구석
고운 문양을 아로새겨 주었고
치어들의 놀이터가 돼 주었으므로
나름 행복이라 했다

파도가 나이테를 그릴 때마다
내 몸은 조금씩 모가 닳아지고
암호처럼 둥글고 고운 줄무늬가
아로새겨졌다

난 아직도
매일 밤
푸른 파도 소리에 깨어
푸른 별을 헤아리곤 한다

허수아비의 춤

비바람 불어와
내 몸 적시며
온몸 달구던 빨간 고추처럼
황금 들녘에 벼 낱알 같은
익어진 기억들로
곱게 타오른 서녘 하늘

별 무리 진 일상들이
머리 위에
총총히 등불 밝히면
몇 번인가
어깨 위 짐들이 버거워
외면하고 팠던
몸부림치던 그 밤도
오늘처럼
무심히 반짝이던 별들

어쩌면
지켜내야 할
고립된 날들이 있어
더 빨갛게 더 샛노랗게
허허 웃고 춤추는

내겐
오늘, 지금이라는 무대가
지상에서의 가장 축복된 선물

들꽃의 자화상

차갑고 외진 길목
미명의 길 위로
열망의 가슴 조금씩 열어내는 까닭은
배움을 향한 동경 때문입니다

구절양장 몇 구비 지나
그 깊은 계곡을 떠돌던
칼바람을 이고도
가장 아름다운 꿈
저버릴 수 없었던 것은
하루 동안의 값진 노동 때문입니다

협심증을 앓던 봄날
아찔하도록 눈부신
한 무더기의 꽃을 토해내는 까닭은
나
누군가에게
희망의 증거가
되고 싶기 때문입니다

쌀눈만큼 벗겨진 세상

매니큐어를 바르다
문득
쌀눈만큼 벗겨진 세상을 훔쳐본다
한 사흘은 굶은
하이에나의 휑한 눈빛이다
슬픔을 메우려고
자꾸 덧칠을 한다
개칠하면 하면 할수록
아름다운 삶과
뭉개진 삶이 있다는 것을
다만 손톱만은 안다
그러나 나는
내 운명의 초침을 바꾸려
미소를 짓고
밤마다 손금을 만들고
날마다 예쁘게
매니큐어도 칠해본다

풀꽃문학관

공주 어느 풀꽃 언덕에
시를 먹고 사는
작은 거인이 살았네

세상이 다 아는
풀꽃이 되어
시의 씨를 뿌렸네
시의 향기를 뿌렸네

내 간절함으로
작은 씨앗 하나 얻어와
내 작은 텃밭에 뿌렸네

날마다
어둠 살라 먹고 자라라
내 맘 자리에도
풀꽃 향기
풀꽃 시를
한 아름 뿌려 보았네

새싹들의 옹알이

밤새
봄비 칭얼칭얼
보채던 자리에
죽음 같은 침묵 툭툭 떨쳐 낸
파릇파릇 초록빛 언어들
실핏줄 타고 흘러와
메마른 가슴마다
옹알옹알
맑은 세상을 여는
너의 어여쁜 눈짓

행복(幸福)

월말이면
불청객처럼 찾아드는 공과금
짜잔한 생활비까지 앞세우고
장을 서듯 마주하는
초라한 낡은 이력서

애들 쓰다만 노트에 남겨진
여백 같은 시간을 오가며
엄마로, 여보로, 아줌마로
숨 가쁘게 재활용되는
화려한 내 명함

어쩌다
삶의 늪에 빠져
허우적대다가도
숭고한 이름 앞에
다시 고개 드는
들풀 인생

스냅사진

소주 한 잔에
세상 온갖 시름 함께 타 마시는
막노동 아저씨들의 술잔은
바다보다 깊기만 하다

노모 망령에
자식놈 학비 걱정에
마누라 가출까지 겹쳐
새까맣게 탄 그들의 술잔 속에
반백의 하루가 접혀진다

뭍에 떠도는
부딪치면 부딪칠수록
더 산산이 제 몸을 던지는 파도
섞이지 않는 갈등의 고리 안고
날마다 파도를 타는 사람들

그들을 배경으로 서 있으면
신발장에 놓인 가족들 신발만 보아도
진정 난 행복한 미소를 짓는다

등 너머 사람들

오고 가고
가고 오는 길 모롱이
어둠 줍고 있는 가로등
그 아래
어떤 이는 십자가를 짊어지고
어떤 이는 부처님 모습을 하고
어제도
오늘도
총총히 오가는
등 너머 사람들

살아간다는 것

매일 밥 먹는 것처럼
내가
내를 만드는 일이다

오늘 열심히
노력하는 이유는
내일
햇살처럼 웃고 싶어서다

좀 더 노력하고
좀 더 사랑하며
행복하고 싶어서다

화분 속의 꽃을 보며

내 의식 속에서
한 백팔 번쯤 고뇌했던 것들이
따가운 봄볕 속에서 싹 틔우고
하늘하늘 잎을 달고
아장아장 걸어와
그 여리디여린 손 내밀며
씽긋 인사한다

이렇게 작은 몸짓으로
무언가 간절히 열망한 적이 있었던가
누군가를 위해
사력을 다해 꽃을 피워내는 아름다움
살면서 살아내면서
몇 번쯤이나 향기 나는 대화를 나누었을까
매 순간순간
같이 호흡하고 눈 맞춤 하면서도
서로 다른 의식과 욕망을 사루었던 시간들
눈 코 귀 입
자연스런 생각의 물고 트게 하는
그대 어여쁜 몸짓

오늘 그대에게서
가장 향기로운 미소와
사랑스런 언어를 배운다

희망의 연줄

아득히 보였다가 보이지 않는
가끔은
뱅글뱅글 돌다 꼬여
곤두박질치던 연

해마다 무당집 삭은 나뭇가지에
걸쳐놓았던 낡은 부적들
황금돼지꿈이라도
억지로 붙잡고 싶었던 날들이
그네를 탄다

나는 여전히
제자리에 멈춰 서서 종종거리고
세월은
내 생의 연줄을
당겼다 놓았다 물레질한다

새해 첫 아침
올망졸망 꿈꾸는 산 능선 위로
뜨겁게 타오르는
저 붉은 태양의 연줄을
힘차게 당겨본다

담쟁이

생의 외진 길목
어제도 오늘도 오르고 또 오르며
늘 올려다볼 수 있어
푸르른 날

날마다 달마다
해와 달을
밀고 당기며
때론 생존의 수단과 목적으로
때론 가슴 벅찬 설렘으로
한 땀 한 땀 수놓은
내 삶의 기록표

아기가 걸음마를 배우듯
그렇게 조금씩 배워 가는
담장 위에 써 놓은
내 서툰 시어들

꽃이 피고 지는 사이

빈 벽면만 보면
난 자꾸
그림을 그리고 싶어진다
조각조각 나누어진 꿈
푸른 하늘 가득
피어날 수 있도록

산비탈
어느 길모퉁이
제 홀로 서 있는 바위만 보면
나는 석공이 되고 싶어진다
한 땀 한 땀 쪼고 쪼아서
그 무엇인가를 형상화할 수 있는

멈춰버린 시간을 보면
자꾸 깨우고 싶어진다
누군가의 닫혀진 창문에
시간과 노력과 정성으로 만들어진
맑은소리 들려주고 싶기에
꽃이 피고 지는 사이

삶이 아름다운 이유

조개가 제 몸속에
진주를 만들기까지
깨우침을 향한
귀한 만남
비록 거미줄에 걸려
순간의 제물이 될지라도
늘 시간 싸움을 하는
오늘 이 시간이
아름다운 이유
나는 그대들 마음속
지식의 샘물을 긷는
두레박이 되고 싶다

하늘 가까운 집

내 마음이
푸르른 잎으로 차오르면
요 며칠은 내 몸에서
닦아도 닦아도 묻어나는
아카시아 향기가 났다

결혼하고
이십여 년 만에
공중 부양이라도 하듯
하늘 가까운 곳에 눌러살게 되었다
한참은 빈 벽만 봐도
그저 넉넉한 웃음이
동백잎에 앉은 푸른 햇살처럼 굴러다녔다

쓸고 닦고, 아무리 봐도
아들 녀석처럼 든든하여
밥 안 먹어도 배부른
만삭의 아낙이 되어
나는 날마다
행복을 낳는 여인이 되었다

눈 오는 아침

가로등 불빛
먼발치로 배웅하는 새벽길 위로

내 반가운 손님은
시린 손 호호 불며
눈싸움하던 안개꽃으로 찾아온다

간간이 흑백 필름으로 다가와
키 작은 눈사람으로 머무는
발목 시린 유년의 향수

때로는
보이는 세상보다
보이지 않는 세상이
더 맑은
녹차향으로 우러난다

소망

들꽃 같은 아이들
웃음 속에 살아

미리내
별빛 같은 아이들
눈빛 속에 여울져

하루하루
지워낼수록
예쁜 추억으로 남아

자기 이름 하나
소중히 간직할 수 있는
그런 만남이었으면

제2부

그리움

가장 먼 길

퇴근해서 집에 와보니
객지에 나가 있던 딸애가 와 있다
터미널에서 집까지
매번 태워 오고 갔던
그 길 혼자 걸으며
아빠 생각 많이 했단다

태어나서 처음으로 느꼈을
아빠의 부재
내 어깨를 끌어안는 딸애
안쓰럽게 바라보니 토끼 눈이다

두루 사방 깜깜한
저 우주공간에 별이 되어 간
그 길만 했으랴

안부

안녕, 그대!
잘 계신가요?
그곳에서도 이곳이 잘 보이세요?
거리마다 단풍잎이
얼마나 예쁘게 물들었는지
집 앞 감나무는 얼마나 붉었는지
고구마는 얼마나 캐었는지
보세요
세상이 멈춰질 것 같던
그 세월이
저기 저 감잎처럼 사위어 갔고
대신 감나무 꼭대기
까치밥처럼
기척이 그립던 파란 하늘 높이
이젠 웃음을 달아 놓았어요

빈들처럼 뻥 뚫린 가슴 구석구석엔
갈 국화 향기와 새 소리와 시도
한 아름 들여놓았지요

아주 가끔씩 소슬바람은
젖은 솔잎 같은
그대 체취도 실어 오곤 해요

보이세요, 그대?
당신의 텃밭에서 자란
세 보석들이
각자 자신의 삶을 충실히 살아가고 있어요
몇 해 전
큰 녀석은 장가를 갔어요
아주 예쁘고 사랑스런 며느리를 맞았죠
올봄엔 둘째가 결혼을 했어요
아주 착실하고 똑똑한 사위를 보았어요
그리고 막내도
속 안 썩이고 공부해서
공직에 몸담고 있답니다

난 다시
시의 텃밭을 열심히 가꾸려 해요
그대와 함께 거닐었던 벚꽃길에도
단풍이 곱게 내려앉았어요
그대 보고 싶거든
바람으로 불어오세요
난 항상 그 꽃길에서
기다리고 있을게요
안녕 내 사랑!

어버이날

아침 일찍
딸애가 카네이션을 달아준다
문득
괴롭다 안달하면서
나 아쉬울 때만 찾던
부끄러운 기억이
5월의 햇살처럼 따갑게 고개 든다

정말 멀쩡히 앉아서
전화를 건다
무척 바빴다고

출가한 딸
장가간 아들
귀여운 손주 녀석들 보고픈
당신의 외로움
꽃밭에 살짝 숨겨 두시고
그냥
꽃이 너무 예쁘게 피었단다
복실이가 아주 예쁜 강아지를
낳았다 자랑하신다
언제나 우리들 배부른 뒷자리에

들꽃처럼 피고 지던
당신의 외로움

오늘 아침 내 가슴에도
한 송이 빨간 고독이 피고 있었다

부처를 만나다

아주 가끔
벼랑 끝에 설 때면
버려진 마음 싸 들고
심판을 받으러
무작정 달려가는 곳이 있다

예전의 낭랑한 목소리가 아닌
늘어난 테이프 같은 목소리로
나직이 기도 중이신
노스님의 뒷모습

관절 꺾어가며
땀이 나도록
두서없이 절을 하고 나면
시끄럽던 마음은 잔잔해지고
세상에서 가장 온화한 미소로
내 아이들의 이름을 부르며
매일 기도하신다는 어머니의 손길
모르는 사이
참았던 눈물 법당을 적신다

세상의 끝에서 만난
자비로운 사랑
그곳에 있었다

낙화

봄 하루가 길었던 것은
그대와의 만남이
짧았던 까닭일까요

오늘
하루가 짧았던 것은
그대와의 만남이
못내 아쉬웠던 까닭일까요

봄 들녘에
사뿐히 날아오른
그대 춤사위
하늘 닿은 웃음
저 길 끝에 서면
우리들 마음도
속절없이 깊어져
서로
애틋한 그리움 일겠지요

그대 사랑 봄날 같아
설렘 가득 피었어도
부디
서로 마주할 수 있어
행복했다고 전해주세요

국밥

투박한 그릇에 담겨
언 가슴을 녹여주는
진한 국물

추울 땐
따끈한 국밥이라도 먹고
힘내라던 말 반찬 삼아
국밥 한 술
꾹꾹 밀어 넣으면
어느새
삐죽삐죽 돋아나
끝내 목구멍에 걸리고 마는
배부른 눈물 한 그릇

사랑을 먹다

군것질할 애들도 없는데
집에 올 때마다 과자를
한 보따리씩 사 오는 녀석들

바삭한 과자 속 촉촉한
초콜릿이 들어 있는 초코볼
부드럽고 고소한 마가렛트
달달한 죠리퐁
떠먹는 아이스크림 등등

어린 시절
내가 즐겨 안겨줬던
보상품들이다
길지 않은 시간을 돌고 돌아
다시 내게로 왔다

허허로운 일요일 오후
쓰디쓴 블랙커피 한 잔에
달달한 과자에
내 좋아하는 노랫말 음유하며
여유로움을 만끽해 본다

닮은꼴

네온 빛 화려한 꿈 날갯짓할 땐
솔직히
내 안의 당신을 거부하며 살았습니다

운명처럼 찾아온 제 삼의 인생
자갈길 구르며
잃어버린 꿈 해바라기 한 십수 년
낯설지 않은
낯익은 모습으로
오늘도
당신의 그림자 밟아갑니다

회색빛 도시의
별을 꿈꾸는
지상에서 가장 가까운
닮은꼴 되어
또 다른 내게
당신 목소리 흉내 내며
그렇게 살아가렵니다

둥지

콩고물처럼 웅어리진
어머니 사랑 보듬고
산모롱이 돌아서던 그때
고향의 모습
영화처럼 떠올리면
어머닌 항상
앙상한 마루나무 끝
겨울 풍경으로 남습니다

비가 오면 우산 되고
바람 불면 큰 산 되어
강산이 몇 번 변하도록
거기 바라 서 계시는 분
그토록 깊게 틀어야 했던 이유를
이제야 알 것 같습니다

봄이면
수목은 더 깊숙이 뿌리 내려
그들만의 꿈 다지듯
텃밭에 뿌린 밀알 한 뼘씩 자라
새파랗게 춤출 때
보듬었던 사랑 하나씩 꺼내어
두고두고 밑거름 주렵니다

징검다리

추억은 가끔
타임머신 타고
30년 전으로 돌돌돌
역류하곤 한다

할아버지 할머니 기일
하천 건너 큰댁 가던 길
징검다리 위로
별들이 별꽃처럼
총총히
다리를 놓곤 했다
뼛속까지 파고들던 추위도
남편의 등짝을 이기진 못했다

살면서 살아오면서
그때
내게 들려주던 얘기
아직도 가끔은
봄꽃 향기로 피어나는데
이젠 그 길을
아들 차를 타고 달린다

귀로(歸路)

어디선가 컹컹 짖어대던 울림이
낯선 어둠 속으로 잠적한 이 저녁
어머니께선 또 어떤
변명을 하셨을까
세상이 하 험해서
삶이 힘들어서
이런저런 구실로
늘 심기 불편하게 하건만
지지리 못난 여식
기다리다 기다리다
시린 눈 대문 밖
백 촉으로 밝혀 두고
잠자리에 드신 걸까
어쩌다 바람처럼 전화 걸면
무소식이 희소식이라던 그 말씀
이따금씩
창밖으로 흔들리던 불빛이
점점 가까워질수록
그리움
흰 분말 되어 날린다

목련꽃 지는 저녁

별 고운 햇살 제 그림자 벗어 두고
서산 너머 눕는 저녁
잔조 머금은
백목련 가지마다 어리는
자애로운 눈길

길고 긴 수염에 백발성성했던
흰옷을 즐기셨던 내 아버님
봄마다
꽃신 신고와
목련 가지마다 흐드러지게 몸 푸는
새록새록 눈시울 달구는 기억들

온갖 미진한 내 삶의 허물 덮으려
이승에 잠깐 현신했다
나랠 접는 걸까
심중에 오래 담아 두면 병이 될까 봐
그냥 내 가슴속 향기로 머물려는 것일까

오늘은 새싹 움트듯 웃자란 얘기하면서
응석도 부리고 싶었는데

박꽃

내 어릴 적
닳아빠진 양말 짝, 도시락, 용돈
가계부가 전부였던
어머니의 소박한 모습

하늘 높이 뻗어 오른
열두 줄기
밤낮으로 순 집으며
늦추었다 튕겼다
잦은모리 감아 돌던
굽이굽이 열두 고갯길

그 고삐 놓칠세라
단단히 거머쥐고 돌아보니
어느덧
흐를 것은 흘러
깊은 주름 되고
멈출 것은 자라
슬프게 핀 박꽃
내 어머니 머리 위에
얹혀 있어라

텃밭 전람회

내 부모님은
고운 흙에 그림을 그린다
상추 마늘 쑥갓 들깨
고구마 가지 오이….
사계절 내내
물 따라 햇살 따라
사색의 옷을 입힌다

바람 불면 바람과
비가 오면 빗방울과 얘기하는
늘 한결같은 기도

우리 아들딸
손주 먹일 먹거리
튼실하게 자라게 해주소서

평생을 그리고도 모자란
세상에 단 하나뿐인 작품
텃밭에 사철 자라고 있다

단발머리

무를 자르듯
사이사이 찌든 반생의 결로를
미련 없이 자른다

중딩 때 엄마가 잘라 주시던
그 단발머리
그땐
어서 고딩이 되고
성인이 되었으면 했다

강물을 거슬러 오르는 연어처럼
더 빳빳하게 깃을 세우고
찰랑찰랑 탄력받았던
이젠, 그때가
마냥 그립다

기다림

너덧 살 꼬마는
감나무에 걸린 석양빛이
홍시처럼 익어 갈 때
담장 밑에 기대앉아
외가에 간 엄마를
하염없이 기다렸던 때가 있었다

그 나무는
한 해 두 해
하늘 높이 자랐고
세월은
KTX처럼 지나갔다

인생의 무게를
반쯤 덜어낸 지금
난 또
어떤 간절함으로
석양빛을 바라 섰는가

독백

자기야
나 다녀올게
진종일 심심하지
입회 기도나 해

언제부턴가
군말 한번 없이
아주 말 잘 듣는

그는
지금 서재 한켠
사진 안에서
웃고 있다

하루 또 하루

그대는 항상
새벽의 숲에서 나와
인사합니다
다가서기엔 너무 먼
그대였지만
외길에 선 뒤론
늘 운명처럼
짊어지고 다녔습니다

어느 날은 대숲을 간즈리는
봄바람이었다가
또 그 어느 날엔가는
풀잎을 적시는
세우였다가
온종일 진구렁 창에
머리 박고 허우적대는
해 그림자였다가

오늘도 난
내 머리맡에 부서지는
별님 하나 손잡고 귀가하는
그대를 봅니다

소나기

뿌리에 뿌리로 품어주던
선산 솔숲
발길 닿는 대로 찾아가 보니
반겨주는 손길 대신
풀잎 흔들며 얘기한다

야트막한 산
구부렁 논두렁길
반듯한 밭이랑도
그대로인데
집을 옮겨앉은
내 님은 말이 없다

대서 지난
따가운 햇살 뒤로
낮게 웅크린 하늘
한동안 가슴속 찐득한 응어리
누런 황톳물로 토해내고
미처 피하지 못한 매미 울음
솔숲을 적신다

매미의 합창

참치캔을 열다 보니
와락 쏟아지는 눈물

막내 대학 졸업하면
매일 김밥이랑 맛난 거 싸 들고
산으로 들로
놀러 다니자던
한편의 동화 같은 말 남겨 두고
홀연 선산
산지기 되어 갔다

8월의 태양 아래
나무에 기댄 채
오열하는 매미 따라
맴맴맴
머나먼 그곳까지
가 닿기를

사랑의 깊이

차를 몇 번 갈아타고
걷고 또 걸어서
어머님이 오셨다
갖은양념과 푸성귀
손주 녀석 줄 예쁜 옷까지

딸애가 방울 달린 새 옷 입고
기뻐서 팔짝팔짝
뛰어오를 때마다
내 마음은
또 그만큼의 파장으로 물보라 지고
어머닌
둥지에 사랑 가득 부려 놓고
그 저녁 길로 가셨다

언제쯤
어머니 저 무거운 짐
덜어드릴 수 있을까
멀리서 느끼는
사랑의 두레박
어둠만큼 깊게만 느껴진다

그리움

저물어가는
늦여름 창가에
날마다 귀청 따갑게
성가시던 녀석
오늘은
아버님 산소까지 따라와
더 한껏 목청을 높인다

평소
가슴 저편에
웃자란 잡초만큼
무성히 차오르던 얘기
예초기에 잘려 나가
가슴만 먹먹히 울릴 뿐
석양빛을 등지고
한동안 할 말을 잃었다

소나무숲에
핏빛 노을 한 조각
남겨두고 온 뒤
해마다 가을이면
깊어가는 이 병
명치끝이 아프다

고향

추억의 옹달샘 하나
깊게 숨어 있어
조금씩 아픈 상처 씻어주던
피안의 언덕

소꿉친구
순이와 옥이가 살던
도란도란 장독대처럼
윤기나던 유년이
아름드리 느티나무 전설을
먹고 살던 곳

손에 들려 있던
마지막 승차권처럼
닫혀진 시간들이 달려와
흑백에서 컬러로 돌아눕는
늘 푸른 희망으로 뿌리내리던
꿈길

제3부

오늘 만난 그대가

오늘 만난 그대가

연담록 숲을 깨워
길을 묻는 아침

후박, 아카시아, 찔레
그대가
풀꽃이라서 좋다
나무라서 좋다

뒤돌아볼 틈 없이
변명할 새 없이
저만치
제 그림자 벗어 두고
홀연히 떠난
그대 뒷모습 뒤로
자욱자욱 묻어나는 향기

오늘 만난 그대가
환히 웃어 주는
풀잎이라서 좋다
들꽃이라서 좋다

멈춰진 시간 속에

겨울 숲을 바라다본다
크고 작은 나무들의
촘촘한 하늘바라기다
가던 길 멈춰 서서
슬며시 기대어본다
무심한 바람결에
날아든 나뭇잎
두 팔 벌려 안아본다
첫사랑
그때의 세레나데처럼
설렘이 파도친다
벽처럼 단단했던 것들이
연처럼 날아올라
파란 하늘 가득하다
숲엔
피아노 소나타 이중주가 흐르고
한껏 소리 높여 합창하는 산새들
새들은 숲을 깨우고
난 바람이 된다
세상 밖에서 바라다본
삶의 아름다운 하모니

진종일
나의 창가에 풍경 소리로
걸어 두고 싶다

암벽에 오르다

수천 수억 년 풍화된
바닷가 암벽 틈바구니에 선
소나무 한 그루
왜 하필
그곳에 뿌리내린 걸까

보는 이 들은
감탄을 절로 토해내는데
난 왜 자꾸
가슴이 저려오는 걸까

네가
한 뼘씩
모질게 뿌리내릴 때마다
천 조각 만 조각
제 몸 부숴 내며
모래톱에 파도 쳐 온 세월 안고
안쓰러히 굽어본 것일까

세찬 갯바람과 눈보라
땡볕에 고고한 척
당당한 네 푸르름

유지할 수 있었던 것은
아, 그건
하해와 같은
당신
사랑의 깊이였음을
왜 몰랐었을까요

백두산 기행

제각기 제 말만 하고 살던 사람들도
이 길에 서면
저마다 꽃이 되고 산이 되고 바람이 된다
가쁜 한숨 토해내는 차량의
엉덩이를 박차며
밀림 속 빽빽이 차오른 기쁨을 가른다
누가 먼저 인사하지 않아도
누가 먼저 말을 트지 않아도
미소로 답하는 산
산을 닮아 행복한 사람들
몇 날 며칠 찜통 무더위 삭히며
꿈속을 달려온 해발 2749미터
찬연히 솟아오른 백두의 품에
두 팔 벌려 한껏 기대본다
변화무쌍한 베일 속 신비로움을
살짝 드러내는 명경지수 천지연
몇천 년 몇만 년의 풍화로
깎아지른 세월의 구릉을 이고
당당히 그 위엄을 과시하고 있는
민족의 터줏대감
저문 해는 설익은 그리움을 토해내는데
회자정리 원칙이라

이별의 아쉬움은 장백폭포수
한 물줄기로 쓸어내리고
천길만길 가슴속에 꽂힌 장백의 울림은
깊은 여운으로 파도친다
오늘이 눈부시도록 아름다운 이유는
이곳에 사무치도록
그리운 님이 있기 때문이오
내가 이곳에 있기 때문이리라

산처럼

날마다 거울을 보듯
바라다보아도
산은 산이고
풀은 풀이고
숲은 숲이었다

단지 내가
발을 들여놓고 있으면
마음은 꽃이 되고, 새가 되고
구름이 되고, 나무가 되어
같이 울고 웃을 뿐

날마다
하염없이 바라 선
그곳에서
기쁘면 기쁜 대로
슬프면 슬픈 대로
나무가 되어
흔들리며 살고 있을 뿐

만수봉 정상에서

해발 980여 미터 남짓한
정상을 향한 긴 행렬 따라
앞산은 뒷산을 위해
등 굽혀 다리 놓아주며
서로서로 의지한 채
씨족과 부족을 형성한 잡목들
골 깊은 숲 암석 사이사이
밀어주고 끌어 주며 포옹하는
우리들 삶 그대로다

지난(至難)한 세월 동안
햇살과 둔탁한 바람 소리
오직 뿌리와 가지로
투명하게 여과시킨
기백(氣魄)찬 소나무 한 그루
그를 보면서
아주 간절한 염원으로 자란
절제된 그리움을 배웠다

아! 오늘 누군가를 만난다는 것은
얼마나 큰 기쁨이요, 행운이며
크나큰 축복인가

석문봉에 올라

돌부리에 채이고 채이며
야트막한 산 구릉 몇 고비 뒤돌아보니
옹기종기 모여 앉은
삶의 터전들이
아득히 멀어졌다 다시 이어지며
큰 산을 이루고 있다

이 깊은 산중에서도
온갖 모진 풍파 있어
관절 마디마디 옹이 져 굳어진 나무들
깊은 한숨으로 휘몰아쳐 오른다
바람 한 자락 붙잡고 따라가 보니
나무와 나무 세상과 나 사이
포승줄로 엮어 오른
백팔번뇌의 고행의 길이다

땀은 안으로 삭아
마음은 가랑잎처럼 날아오르고
칠백고지 산 정상 오가는 인파의
정성으로 쌓여진 큰 돌탑
내 마음 깊은 곳
천년 푸른돌 종으로 서 있다

묵언 수행 중

어디에서 왔는지 모를
봄바람이 분다
가을 지나
그대가 걸어간 그 길 위로
몇 번인가
눈발로 찾아와
안부를 묻던 아침이다

언 땅의 질척임으로
달라붙던 아픈 기억들이
발밑에서 와스락댄다
또 한 계절을 보내듯
떠나보내는 일에 익숙해진 나

공허한
논밭과 숲을 지나
사납게 짖어대는 울림도
그대 곁에선 반갑다
그대가
나무라서 바위라서
바람이라서
여여히
쉬어 갈 수 있는
구름이라서 좋다

동행

늙을수록 멋진
소나무 닮고 싶은 이와
같은 길 다른 꿈 꾸는 사람들이
함께 하는 산행

가야산 산자락 휘돌아
호젓이 젖어 드는 인적
고라니는 놀라 달아나고
진눈깨비는 '갤러리인'의
산수화 화폭처럼 쌓여가고
LED 불빛이 켜진 무릉도원
구름다리 위로
눈바람 불어와 흩어 놓은
추억의 시간들이 발자국을 만들고

우린 다시
서로 다른 길에서
의지만으로 충분한
꿈꾸는 나무들

산에 오르다 1

희뿌연 안개
보이지 않는 형상을 찾아
오르고 또 오른다

세상을 처음 만난
아이의 모습으로
적송들이 지키는
일주문을 들어서면
간밤
하얗게 지새웠던 번민
풀잎 위 이슬 돼 반짝인다

비로소
불면으로 지샌 이들과
소통의 길을 내며
걷고 또 걷는다

묘한 마력이 자꾸
새벽길 위에 세운다

산에 오르다 2

허증에 시달릴 때
더러 찾아가는 암자
조용히 근심 한 자락
내려놓으려
해우소 가듯
난
바람 따라
산이 되어 간다

노랑 빨강 하양
들꽃보살
연담록 진초록
초록잎 보살
이들과의 소통으로
뾰족한 것 다독여
뚝배기 같은 여유로움 담고
가슴에 박힌 옹이
세월 흐를수록
고고한 품격으로 자라

문득
바람의 말 살갗에 스며

천 개의 흉을 덮고
내 몸속
옹색한 삶의 무게마저
투명하게 하는
저 솔숲의 나무들

오늘
내게 주어진
이 모든 감사와
기쁨으로 일어서게 하는
아침

산에 오르다 3

날마다 내 안에
산 하나 들여놓고
산을 읽어 가는
분주한 발길

봄
연담록 잎 사이
오가며
삐리릿 삐리리릿
욕심껏 불러 보는
이름아

듣고 있나
보고 있나
언제 어디서든
두 눈 감고
귀 막아도 들리는
저 소리를

산에 오르다 4

매일 오르내리던
그 길 위에
숲 한 자락 펼쳐 놓고
종달새 모양
오르락내리락
읽어 보는 숲

지난가을 지나
밤나무들 베어낸 자리
잡목들 무성히 자라고
아파트가 산을 넘어와 섰다
힘줄 굵어진
소나무들 가슴에
가만 기대어 보면
휘어진 비탈길 폭우에
패인 길만큼 저려온다

멀리 바라다보면
온전히
내 안에 스민
수묵화 한 폭인데
난 아직도
한 해의 종착역에서
중력을 잃는다

네가 궁금한 아침

엊저녁 빗소리에
냇물은 얼마나 불었는지
소나무숲 언저리
밤나무들은
알밤을 낳느라
밤새
얼마나 산고를 치렀는지
청설모는
얼마나 바쁘게 나무를 탔는지
사람들은
또 얼마나 오고 갔는지

숲이 들려주는 얘기
귀 기울여 들으며
함께 나이테를 긋는 산
귀를 기울이면

궁금한 모두가
종일
그곳에서 바스락거렸다

제4부

풀꽃 사랑

춘란을 그리다

겨우내
꼭꼭 숨겨 놓았던 말
눈 맞춤할 새도 없이
뿌리 사이사이
뻗어 내린 외로움

매일 기다려도
기척도 없더니
내 간절함이
전해졌는지
간밤
빗속에 몰래
꿈길을 밟아 와

그리움
몽글몽글 피워 올린
꽃 두어 송이
화선지 가득
햇살처럼 웃고 있다

그대 빈자리

우울을 훌훌 떨어내려
나선 산행길에서
겨우내
내 발밑에 누워
사각사각 돌아눕던
그대라는 이름 하나 보았네

그대가 깔아 준
샛노란 양탄자 길에 있을 땐
그것이 사랑이고
그것이 행복이었다는 것을 몰랐네

잔설이 저리 눈 시리고
새 소리 저리 청량한데
백골이 진토 되어
발밑에 누운 후에야
비로소
버려진 것과
남겨진 슬픔을
매운 북풍한설 눈보라 맞으며
온몸으로 배웠네

눈처럼

온 세상이 하얀
꿈길이다

누군가 먼저 걸어간 자리에
햇살이 갇혀 반짝인다

사랑은
서로를 보듬어 주고
내어 주며

그렇게
자신을 허물어 가는
작업일 게다

향기로 뿌리 내릴 때까지

4월이면 당진천 벚꽃길 따라
꽃보다 아름다운 웃음 걸려 있음은
세상과 나와 내 이웃이
서로서로 돕고 살기에
무수한 빛을 모으는 별빛이
밤이면 더 아름다움을 알았습니다

생각이 오솔길을 걸어와
풀잎에 머물면 이슬이 되고
여유로움이 무성한 숲에 닿으면
곤충들의 천국이 돼주고
내 참 사랑이 꽃잎에 머물면
그리움 일 듯
내 작은 사랑의 손길
낮게 낮게 흘러
아주 작은 바람일지라도
누군가의 맘을 밝히는
등불이었음 좋겠습니다

밤이면 낮모를 창가에
하나둘 불빛이 모여들고

반짝이는 생각들로 서로의 창을 내듯
이 저녁 저들의 창가에도
하루 값진 노동으로 인한 행복한 웃음
조롱조롱 걸렸으면 좋겠습니다

풀꽃 사랑

너와 나
흙에서 태어나
이 외로운 길목에서 만났지

내 작은 몸짓 얼마만큼이면
너의 눈에 띌까
이 작은 눈빛 얼마만큼 반짝이면
네 맘에 들까

너와 나
겨우내 추위와 싸워
소중히 피운
믿음과 사랑꽃

오늘은 가족이란 울타리 안에
꼭꼭 심었지

라일락꽃에게

맑은 날엔
햇살로 웃자
비 오는 날엔
눈을 감고
사색에 잠겨 보자

바람 부는 날엔
사랑하는 이의 머리 위
꽃비로 내리자
가슴속 깊이 묻어둔 말
꽃등을 밝힐 때까지

달맞이꽃

한낮에
꼭꼭 자물쇠를 채웠던 얼굴이
어둠을 안고서야
배시시 웃는다
낮 동안 짊어졌던
단막극 같았던 일상들
잠시 달 빛 아래 내려놓고
아직 삼키지 못한 말들
가슴에 살짝 감춰두고
때론
소슬바람보다 더 크게
소리 내어 웃고
풀잎보다 더 크게
말도 해보지만
마음은 여전히 달빛에 젖는
저 속 누가 흔들고 갔을까
세상 밖 한 점 이슬로 맺혀
밤새 피고 지는 꽃

편린

자전거를 타고
당진천을 달렸다
목하
4월의 극성스런 바람을 붙들고
벚꽃나무 가지마다
앞다퉈 몸을 풀고 있다

벚꽃 사이사이 접힌
편린 하나 톡 건드리면
추억이 뭉게구름처럼 피어올라
하늘 끝까지 닿는다

봄바람이 살랑살랑
고개를 저을 때마다
뭉텅뭉텅 쏟아지는
저 우윳빛 웃음

벚꽃나무 아래
이미
낯선 비밀번호가 돼 버린 지 오랜
그리움이 걸어 나와
진종일 스르륵거렸다

벚꽃나무 아래서

지난겨울엔
그대도 나처럼
참 많은 시련들로
몹시도 가슴이 아팠나 봅니다

차마 들킬세라
울지도 못하더니
이렇듯 가슴 한켠
더 이상 담을 수 없는
상심의 폭죽 하나씩
펑펑 터져 놓고 있으니

그대여!
오밀조밀
참 많은 것들을 품고 살수록
알록달록
참 많은 생각들을 담고 살수록

언젠가
내 소중한 이들을 위하여
이렇게 눈부시도록 아름다운 길

열게 된다는 것을
오늘 아침
문득 깨달았습니다

시의 향연

요 며칠째
벚나무 가지마다
말문을 틔우려나
웅얼웅얼
잇몸살을 앓는다

한낮의
새싹 같은 햇살이
봉긋봉긋 솟아오른
꽃눈들의 잠을
흔들어 깨운다
토도독 톡 톡
앞다퉈 일어나는
꽃구름 송이들

벌, 나비
모두 함께 나와
좔좔
시문을 읊는다
나도 따라 읊어본다

백목련

간밤
봄비 한 자락에
몸 달군 후에야

학의 몸짓으로
내게 왔구나

사랑한단
그 말
조용히 미소하는

그댈 보고 있으면
난 자꾸
바람이 되려 한다

밥풀꽃

이른 봄
미세먼지 가득한
산모롱이 양지녘
외로움에 허기진 모습으로
와락 달려와 안기는 꽃
안녕!
내 격리된 시간 속에 들어와
한 무더기
곱게 피어난 그리움아

여과된 삶

푸실한 삶을 벗어
세탁을 한다

한판 승부라도 겨룰 듯
팔과 다리에 팟팟하게 힘주고
붕붕 으름장 놓던 물살
콧날 세우던 자존심
한 켜 두 켜 허물을 벗는다

마냥 푸르른 초연한 햇살에
미움마저 투명하게 여과시키면
마음의 편협한 작은집 새로
한 마리 나비가 돼 나는
내 작은사랑

향기

상념 하나 머물던 백목련 가지 끝에
봄날을 엇박자로 흔들며 바람이 인다

겨우내
울 엄마 손주 녀석 안고 어르던
그 환한 미소로
저녁내 널뛰던
추억의 곁가지 사이로 윙크한다

내리내리
앞다퉈 화촉을 밝힌 자리마다
세월 곰삭을수록 아름다운
성스러운 이름 하나
온 봄을 들어 올린다

연꽃 1

땅도 아닌
허공도 아닌 곳
무엇이 그토록 간절하여
탁류에 발화(發花)한 것일까

숨 쉬는 들숨 날숨에도
뼈 마디마디
녹아들 것은 다 녹아들어
흘러내릴 것은 다 흘러내려
맑게 개인
하늘 아래 첫 세상에 띄운
그대 자비로운 미소

보아도 보이지 않고
들어도 들리지 않는
무념무상의 시심을 연다
그대는

연꽃 2

8월의 폭염을 뚫고
흐드러지게 핀
연꽃 방죽

발은 진흙 속에 담그고
세상 모든 시름 다 잊고
이 세상
가장 평온한 미소로
화답하는

그댈 보면
이 세상 살아 낼
힘을 얻는다

제5부

배는 부른데 마음이 고프다

송편 빚기

대청마루에 달빛 환히 돗자리 깔면
'예쁘게 빚어야 예쁜 딸을 낳는다' 하시던
증조할머님 말씀 귀담아
밤 이슥토록 맘을 빚었던 한가위 풍경

외씨버선 코를 닮은 할머니의 송편
동글동글 깎아 논 밤톨 같은 내 송편
맘속에 가지런히 담겨 있다

귀밑머리 희어진 나이 되어
예쁜 토끼 같은 미래의 손주와
가족 모두의 건강과 행복을
가득 담아 소원을 빚는
내 기도문이 길어질수록
자꾸 배가 볼록해지는 송편

찜솥에 한 김 올리고 나면
모락모락 향긋한 솔 내음 뒤로
반질반질 윤기 나는 얼굴과 마주한다
달님은 아는지 자꾸 따라와
환히 웃는다

드림타운 마카오에서

낯선 하늘, 바다 위
빛의 향연이 춤추고
표류하던 생각들 사이로
반짝반짝
노 저어 가는 유람선
수면 위로
잠 못 들고 총총히 떠올라
동공을 곱게 물들이는
이국의 이채로운 밤

우뚝우뚝 즐비한 고층 건물들
사이사이
어제 내가 동경했던
환상의 무게로
달라붙는 습한 기운들이
그 작은 도시를
통째로 삼켜버렸다

나의 낡은 관념을 날리며
격렬히 안아주었던
저 환상의 카지노타운
아직은
두 다리가 성하니

저 황금의 성에 올라 보자
생을 바꿔 줄
황금 나무를 찾아보자
주머니 속 구겨져 있던 지폐들이
낄낄거리며
삐죽이 고개 내미는 거리

내일은 붉은 태양이
어떤 얼굴로 타오를지
무한 궁금한
마카오 카지노타운의
팔 부 능선을 걷는 밤

연등

칙칙한 어둠
소망으로 밝히면
한없는
따사로움으로
젖어 드는 이 있다

부르지 않아도
항상
그만큼의 거리에서
말없이
등불 밝혀주는 이 있다

그대
오고 간
그 길 위에
향긋한 솔향 가득
배어있다

배는 부른데 마음이 고프다

그대와 나 사이엔
황사 바람 걸러내고
말의 가시 빼내는
필터 달린 나무하나
서 있었음 좋겠다

눈발이 성성하던 날
밥 한 그릇 산다기에
강아지처럼 달려 나갔다

돌아오는 길은 너무 멀고
짊어진 십자가에
발길이 무거웠다

세모의 길모퉁이
환히 비추는 크리스마스트리처럼
그대와 나 사이엔
반짝이는 눈빛으로 말할 수 있는
고백의 나무 하나
서 있었음 좋겠다

소통

가끔은 모로 돌아눕던
숲길
더러는 삶의 이정표 되어
나를 바로 세우던 소나무들과
삶의 지표가 되는 바위
그날그날
슬프게 즐겁게 울어 주던
산새들 또 그 안의 나를
키우고 있었다
안녕
저만치 달아나던 고라니
나의 익숙한 인사에
가던 길 멈춰 서서
해맑은 눈으로
동족의 직립보행에 갸우뚱한다
더러는 고달픈 마음 한 조각
털어 놓고 싶은 오래된 정자
터벅터벅
그도 이 아침 나와의 동행이다
온 세상은
티 하나 없는 설국
눈꽃으로 가득하다
새털처럼 날 수 있어

저 하늘과의 끝없는
교감 중이다
아, 그대와 나도
이렇게 시나브로 젖어 들고
시나브로 알아 가는 길목에
새하얀 눈꽃으로
반쯤 발목이 덮여있을 게다

가다 말고 돌아온 시간

저 무수한 길과 길 사이에서
나를 잃어버렸던 시간들
사람과 사람 사이를 오가며
내 향기와 빛깔까지도
잃어버렸던 날들이
석문방조제 강물 따라 흘러간다

나를 따라와 내 어깨에 기대어 졸던
햇살 한 줌도
나란히 갈대밭에 눕는다
북풍이 몇 차례 핥고 간
또 몇 번인가 눈발이
지들끼리 낄낄대며 지나간
강 언덕배기 둔덕
바람이 뭐라고 소근 대더니
일제히 갈대밭에 불 지르는 노을
활활 타오르는 불길 속에
나는 내가 아닌 모든 것들을 던져버린다

겨우내
바람과 바람 사이에서
꽃대궁으로 살던 시간들

그 속에 꿈틀거리는 봄
사람과 사람 사이에서
잃어버린
가다 말고 돌아온 시간

홍시

하늘 아래
가장 친하다 인정하고픈 이
그 사람의 말
푸르름이 더할 땐
입안 가득 독이 되어
떫고 아렸다

오다가다
미운 이 만나면
떼어주고 싶던 점 하나

조석으로
찬바람 몇 줄금
된서리 몇 날
손님처럼 다녀간 뒤
통풍 잘 드는 가을볕에 숙성돼

이젠
입안 가득 넣어도
달콤한
홍시가 되었다

고백

여름내
비바람에 왈그락거리던
그녀의 초록빛 사연들이
가을 숲을 지나
나를 찾아왔다

닫혀진 내면의 창 열고
마음 비워 세상을 안으니
모든 게 아름답더란 얘기

주름진 세월 동안
황량한 대지에 뿌리내린 강인함과
만고풍상으로 깊어진 생각과
험난한 세상 관조하는 그윽한 눈빛과
버려진 생명 품을 수 있는
따뜻한 가슴으로

어느 날 문득
나를 찾아와 쏟아 놓는
발등을 덮고
마음을 물들인 단풍나무 한그루

골절

눈밭인 줄 알고 뒹굴었더니
허락도 없이 눕혀놓고
뼛속을 환히 들여다본다
괜찮다고 툭툭 털고 일어서는데
지구 한 모퉁이
무너지는 소리가 난다

어제
내가 한 행동이
습이 되어
오늘
내가 있듯
어제
내가 먹은 음식이
뼈와 몸을 이루었듯
지난날
내가 꿈꾸던 삶이 업보처럼
뒤늦게 초라하게 지친
나를 바라다본다

엄동설한
엉성한 뼈 마디마디 사이로
세상의 모든 고통과 슬픔이
꼭꼭 차오르고 있음을 본다

선택

오일장 날
과일 사러 시장엘 갔다
맛보라는 단골 아저씨
가던 발길 멈추고
매의 눈으로
과일 바구니 저울질하는데
굵은 놈으로 가져가랜다
무심코 담으려는 순간
앗! 그중 하나에 머문 시선
옆에 있던 아주머니
골라내어도 그놈이 가장 실하단다

종이 귀 팔랑이며
경험 많은 연륜에 한 표 던지고
참외 한 바구니 사 들고 와
저녁 후식으로 두어 개 깎았다
석연치 않았던 것은 꿀맛이고
때깔 곱던 것은 곯아 있다

세상을 바꾸는 일도
제대로 된 일꾼을 뽑는 것도
과일 고르는 일만큼 속을 태운다

기도로 여는 아침

아침마다 백팔 배
무릎 관절이 다 닳도록
간절히 절을 하며
되뇌는 독송
내 아이들
건강하게 해주시고
각자 제 갈 길
바른길로 인도해 주시고
망자 또한 저세상에선
행복하게 해주시고
아프지 않게 해주시고
부모 형제
내 주변의 모두가
부디
건강하고 행복하게 해주소서

노래방에서

어두움의 빛들이
꼭꼭 채워진 노랫가락들
무지갯빛 물방울 되어
목젖을 적신다

삶의 탈출구를 찾아 떠나는
자유로운 몸짓
가벼우면 가벼운 대로
살랑살랑 봄바람처럼 여울고
무거우면 무거운 대로
애절하게
절규에 가까운 몸부림으로
각기 다른 삶을 이겨 내는 모습들

그들이 어디에 사는 누구이든
상관없다
그들이야말로
음유 시인이며 진정한 가수들이다

세상 댓거리가 무서워
술 한잔 못 하고

비겁하게
눈물조차 꼭꼭 삼키며 사는
난 삼류 시인이다

마음을 씻고 비우며

국화차 한 잔
가만히
다기(茶器) 속을 들여다보면
벗어놓으려 하면 할수록
끈질기게 따라와
질책하던 시간들이
깊은 향으로
온몸에 스며든다

낙엽이 발밑에
수직의 깊이를 잴수록
더 맑게 울리는
풍경 소리처럼

차 한 잔엔
맑게 우러난
저 심연 깊은 곳에서
아득히 피어 올린 향기로
마음을 씻는다

절명할 아름다움 뒤엔

지금 막 북방 한계선을 넘어온
한 무리 철새들의
더없는 안식처인 대호만 갈대숲
그곳엔 겨울 강이 말없이 누어 뒤척이고
갈대들은 일제히 제 몸 눕혀 피리를 분다

고즈넉이 저문 들녘
평화로이 노니는 새 떼들의 군무에
간간이 흔들리는
부표들의 낮은음 춤사위
삶과 죽음
날카로운 매의 낮은 비행
먹이사슬의 처절한 생존의 질서는
붉은 해를 쪼아
강물 속에 던져 놓는다

언제나
생존의 처절한 전쟁이 진행 중인
지금 이곳
그대가 꿈꾸고 있는 이 세상

갈증

삼, 사십도 폭염 속
자전거 페달을 밟노라면
굴렁쇠처럼 따라오는
내 어린 시절

여중 방학 때
화선지에 그림 그리다
선생님을 찾아
무작정 안면도에 갔다

이십 대 초
종로구 내자동에서 신림동까지
걷고 달렸던 기억
평생 안고 살아야 할 가슴앓이 그때 다했다

가슴에 통풍이
드나드는 날이면
2% 부족한 나를 찾아
녹슨 페달을 힘차게 밟는다

화려한 외출

불쾌지수 높은 저기압골
우울증 맛 간 얼굴 하다가도
외출만 하면
콧노래 바이올린 켜는 주부들

멋으로 먹고 눈으로 맛보며
쌓였던 스트레스
불판에 올려놓고
지글지글 보글보글
터널 있는 노래방
숲이 있는 커피숍을 거쳐 나오면
웬 말기 공주 증후군

씹던 허무
무중력으로 머물다 추락하면
가슴 한 모퉁이 비상등이 켜지고
화려한 네온 빛에 투시된
컵라면 하나의 거품을 빠는
우리의 아이들

눈은 내리고

차창밖엔
쓰리디 영상처럼
하염없이 눈 내리고

부딪고 돌아서는
저 쓸쓸함
와이퍼로 쓸어내려도
쉬이 지워지지 않는다

떨궈 내려 하면
더 선명하게 피는 얼음꽃
가슴을 탕탕 치면
열 개 스무 개 기하급수적으로
부서져 내리는 잔해들

세상을 향한
서툰 내 몸짓이 그랬다
가끔씩 벽에 부딪힐 때면
행여 속맘 들킬까
다시 꽁꽁
얼음산에 가둔다

보이지 않는
영혼과의 싸움
그건 한때
나의 교만이었다

세상 밖으로 나와
누군가에게
포근하게 안기며
좀 더 살뜰히
안아주고 싶었는지도 모른다

휴가

긴 여름날에 손바닥만 한
공터가 생겼다
연중 휴가 일주일

하루하루를 어떻게 써야 할까
보고 싶었던 친구들을 만나
수다를 떨까
못다 한 취미생활을 해볼까
그동안 못 찾아뵌 은사를 찾아뵐까
아님, 여행을 떠날까
우후죽순처럼 자란
줄지 않는 고민들이
늦더위를 총총히 밀어내고 있었다

아끼고 아껴 먹는 음식처럼
써도 다 써버릴 수 없는
돈 같은 시간들이
건널 수 없는 강물이 되어
유유히 흘렀다

탈출

심한 자폐증에 시달리던 갯바위와
해송처럼 자란 파도만이 키재기하며
끝없이 밀치고 당기던
그 겨울
땅끝 울림

그 속 가만히 들여다보면
바라도 바라도 막막한 점 하나
시시때때로 제 몸을 던져
흔적을 지우는
영혼과의 거리에서
한 점 욕망으로 타오르던 시간들

해수면 밖
오랜 도움닫기로 굳어진
갯벌
또 다른 삶을 향해
활주로를 여는
난 한 마리의 바닷새

병원 스케치

오늘은
이승에서 가장 완벽하다는
심판대를 찾아갔다

병원 앞 인파를 보자
벌써 중환자가 된 기분
벤치 한 코너에 앉아 오열하는
젊은 여인네의 애처로운 초상화 앞에
시선이 멈춘다

속절없이 슬퍼져
자꾸 쳐다보는 하늘엔
퍼낼수록 깊은 샘 하나
낮게 숨어 있다

아침도 쫄쫄 굶고
시간 반 버스를 타고 가서
두세 시간 족히 기다려
간신히
아직 멀었다는 서약서 한 장
비싸게 사 들고 깁스한 가슴 안고
세균이 진드기처럼 달라붙는
병원 문을 쑥스레 나선다

홍수

비바람에 떠내려간
지난 여름날의 상흔(傷痕)

춥고 배고픈 외로움의 행렬
맨 꼭대기
장대로 끌어내리지 못했던
내 이웃의 아픔

어린 가장이 짊어져야 했던
집 한 채의 무게와
법정이 던진
떡값의 파문

그 어느 쪽에도 공유할 수 없는
이 시대의 난무한 추상화

문학세계대표작가선 910

향기로 뿌리 내릴 때까지

안의수 시집

인쇄 1판 1쇄 2019년 12월 14일
발행 1판 1쇄 2019년 12월 21일

지 은 이 : 안의수
발 행 처 : (재)당진문화재단
주 소 : 충남 당진시 무수동2길 25-21
전 화 : 041)350-2932
팩 스 : 041)354-6605
http://www.dangjinart.kr/

펴 낸 이 : 김천우
펴 낸 곳 : 도서출판 천우
등 록 : 1992. 2. 15. 제1-1307호
주 소 : 서울시 성동구 무학봉28길 6 금용빌딩 2F
전 화 : 02)2298-7661
팩 스 : 02)2298-7665
http://moonhak.wla.or.kr
E-mail : chunwo@hanmail.net

값 20,000원

이 책은 당진문화재단 사업비로 제작되었으며 「2019 당진 차세대 문학인」 선정작품집입니다.

ISBN 978-89-7954-792-4

이 도서의 국립중앙도서관 출판예정도서목록(CIP)은 서지정보유통지원시스템 홈페이지(http://seoji.nl.go.kr)와 국가자료공동목록시스템(http://www.nl.go.kr/kolisnet)에서 이용하실 수 있습니다. (CIP제어번호: CIP2019047158)